Vera Hewener

AF236507

Oh Sommer, leuchte!

Natur, Stadt & Land

Die schönsten Sommergedichte

Was ist der Sommer? Lichtglut, blauer Himmel, Sonnenschein, ein Blumenmeer? Wenn die Sommerlinde blüht, beginnt der Hochsommer. Die Sonne lädt zum Baden ein, das süße Nichtstun gibt der Zeit einen neuen Rhythmus. Das Buch versammelt neueste und ausgesuchte Sommergedichte über die Natur in Stadt und Land aus dem literarischen Werk von Vera Hewener.

Vera Hewener, Jahrgang 1955, lebt als freie Schriftstellerin in Püttlingen. Sie erhielt für ihr Werk mehrere internationale Literaturpreise, u.a. Superpremio Cultura Lombarda vom Centro Europeo di Cultura Rom (I) 2001, Grand Prix Européen de Poésie von CEPAL Thionville (F) 2005, Goethe-Preis 2013, zuletzt Wilhelm Busch Preis 2017.

Pressesplitter
„Heweners Sprache ist Rhythmus und Malerei." Beatrix Hoffmann, SZ 07.05.02 „Zart und duftig sind viele dieser Gedichte, voller Freude über den Einklang mit der Natur; hymnisch-gewaltige Gesänge lassen an Hölderlin und Rilke denken." Jürgen Kück, SZ 17.11.03 „Zart und duftig wirken auch die Naturgedichte, ganz in Anlehnung an sapphische Odenstrophen geschrieben, Stimmungslyrik von emotionaler Dichte." Walter Faas, SZ 28.05.04 „Fundgrube von unverbrauchten, unverfälschten Metaphern." Georg Fox, Wochenspiegel 07.07.04 „Jedes Wort schillert und ruft ein Bild hervor. Vera Hewener baut aus dem, was sie sieht, kleine Wortkunstwerke." Beatrix Hoffmann, SZ 07.11.2011 „Anmutige, unverbrauchte Bilder." Ruth Rousselange, SZ 07.06.17 „Offensichtlich steckt auch ein Schalk in Hewener." Anja Kernig, SZ 07.12.17

Vera Hewener

Oh Sommer, leuchte

Natur, Stadt & Land

Die schönsten Sommergedichte

© 2021, Vera Hewener
Herstellung und Verlag:
BoD - Books on Demand,
Norderstedt

Printed in Germany
1. Auflage 2021
ISBN 9783753421414
9,00 EURO

Inhaltsverzeichnis

Wechselbeziehungen

Ich komme und gehe,
sagt der Tag.
wenn du bleiben willst,
wirst du den Morgen
nicht erleben.

Ich schlafe und träume,
sagt die Nacht,
wenn du weiterschläfst,
wirst du den Tag
versäumen.

Ich blitze und strahle,
sagt die Sonne,
wenn du kühlen willst,
wirst du die Wärme
nicht fühlen.

Ich friere und zittre,
sagt die Kälte,
wenn du heizen willst,
schmilzt der Schnee.

„Im Gewitter der Sonne"

Sommerhitze

Der Himmelsrand strahlt blauer sonnentrunken.
Der Horizont glüht auf wie Rhodonit,
wenn Feuerfunken zundern im Zenit.
Der Himmelsrand strahlt blauer sonnentrunken.

Der Horizont glüht auf wie Rhodonit
und Vogelchöre pfeifen noch Triolen
vor Einbruch dunkler Wetterkapriolen.
Der Horizont glüht auf wie Rhodonit.

Wenn Feuerfunken zundern im Zenit,
werden die Blitze Sommers Hitze wenden,
und Fruchtbarkeit wird Regenschauer spenden,
wenn Feuerfunken zundern im Zenit.

Im See aus Jade
zieht ein Schwan Spiegelspuren
Geständnisse des Lichts

Sommerschloss

Nun ringt das Schloss wie ein geworf'ner Kiesel,
der Kreise zieht, bevor er untergeht,
mit praller Glut, da im Zenit hochsteht
die Sonne, die feuert wie ein alter Diesel

auf's Fensterglas, durch welches dieses Lichtgeriesel
unablässig Hitze brennt. Es fleht,
das Strahlwerk abzustellen, bevor vergeht
der Tag. Aber der Regen nicht mal Niesel

schickt, die heiße Mittagsluft zu kühlen
mit einem Wolkenheer, das Wind getrieben,
am Schattenpendel zieht mit Böenhieben,

Gewitterdonner, um Sturmsinn aufzuwühlen,
der endet dieses Sengen mit kalten Kräften,
das Leben wieder weckt mit feuchten Säften.

Saarbrücker Schloss

Was dich auch trifft

Was dich auch trifft, im Gewitter der Sonne
ist der Tag von Blitzen erhellt. Das Licht
in den Ritzen der Wolken, die grau waren und laut,
zerschellt in der Erde Grund.

Wo du auch bist, treibt das zündelnde Licht
Löschwasser vor sich her, bis der Wolken Guss
in der Erde ertrinkt. Und das Licht
sinkt in unsere Tiefen, bis die Nacht,
in der wir nicht schliefen, uns dunkel erhellt.

Sonnenzeit

Der Sonne Acht mit heißer Glut
im Chronometer weckt Demut
vor jenen Tagen, als erweckt
das Analemma hingestreckt.

Wo all die Uhren aus Jahrzehnten
sich an den Sonnenstand anlehnten,
erwächst aus Ticken Taktgebraus
im Zeitmuseum Uhrmachers Haus.

Die vielen Zeiger wandern weiter
von Null bis an die Himmelsleiter,
drehen die Runden gottgewollt,
solange wie das Zahnrad rollt.

Wer jemals seine Zeit gesucht,
die all die Stunden abgebucht,
findet hier tausend Räderwerke,
die drehen am Lebensgewerke,

ein jedes anders und doch gleich
durch jedes Menschenjahre-Reich.
Ob schrecklich, schön, schlecht oder gut,
nur eines zählt, hab Lebensmut.

Uhrmachers Haus, Püttlingen-Köllerbach

Sommermorgen an der Burg Bucherbach

Die Burgruine aus dem Mittelalter
verbirgt sich hinterm Morgensonnendunst.
Drei Türme, festgemauert, Zeit gepunzt,
verschleiert ruhn wie Abstandshalter

zur Gegenwart im Wiesenrain. Verhallter
entwirrt das Licht die Feuerbrunst-
Geschichten, Niedergänge. Mit zarter Inbrunst,
Geflüster, liest Elisabeth im Psalter

das Loblied an die Erde. Und aller Aufbruch
sich zögernd spiegelt in Mauerfenstern,
die restauriert, vergittert, den Bannspruch

noch auf sich tragen. Im Neubeginn des Sommers
trennt Kälte sich von Wärme, gleich Nachtgespenstern,
die fliehen vor historischem Kommerz.

Burg Bucherbach, Püttlingen-Köllerbach

Saarbrücken

Saarbrücken, weiße Stadt bist du,
das Licht blinzelt dir zu, ich seh'
die Schifffahrten, den Schlossgarten,
wo immer du aufblühst, folg ich der Allee.

Wir beide lieben dieses Licht,
mal zärtlich und mal wild, mal schlicht.
Wir fahren auf der Saar,
der Himmel brennt,
die Luft weht transparent,
kein Sonnenstrahl uns trennt,
Saarbrücken und mich.

Summamòjen

Òm Himmel schlòòn de Feddan weiße Biezen,
de Virrel peifen zaat, de Louft blòòst schwach,
un Entscha in da Reih waatscheln zum Bach,
met Frejsport sich de Leit òm Mòjen schtriezen.

De Bienenvelkscha Bloumenkerbscha triezen
un Trippsen glitzan, kullan leis vom Dach,
òm Bòdden wetzen Ämätzen sich wach,
un um de Wurm sich Spatzen streiden, schiedzen.

Dò gin aich wach, gehn trunken òn it Finschta,
se flitschan imma noch, wat soll ma sòòn,
so frej òm Mòjen sollt ma sich vatròòn.

Jetzt stirmen all die Mais unna de Ginschta.
Kään Wunna, Koowen kreisen, sin òm flejn.
Ob se de Mais von owwen trotzdem sejn?

Sommermorgen

Am Himmel schlagen Federn weiße Zöpfe,
die Vögel pfeifen zart, die Luft bläst schwach,
und Enten watscheln reihenweis' zum Bach,
der Frühsport bringt den Leuten heiße Köpfe.

In Blumenkörben Bienen sich erschöpfen
und Tröpfchen glitzern, kullern leis vom Dach,
am Boden wetzen Ameisen sich wach,
und um den Wurm sich Spatzen streiten, schröpfen.

Da werd' ich wach, geh trunken an das Fenster,
sie flattern immer noch, was soll man sagen,
so früh am Morgen sollt man sich vertragen.

Jetzt stürmen all die Mäus' unter den Ginster.
Kein Wunder, Raben kreisen, schwirren aus.
Ob sie von oben trotzdem sehn die Maus?

Was ist der Sommer
den Blumen,
den Vögeln,
den Bäumen?

Hast du die Wärme gespürt,
das Scheinen gesehen,
das Brennen gelöscht?

Im tieferen Himmelsgrund
ist Weitsicht der einzige Horizont,
der uns das Blaue vom Himmel verspricht.

Die Zeit läuft aus

Die Zeit läuft aus mit übervollen Minuten
letzter Sonnenuntergänge, der Tag stopft
dir die Taschen voll; lautlos
das Schwinden der Flügel, das Verstummen
des Gezeters einer Leere im Garten.

Du kennst den Mangel im Überfluss, wenn Zeit
die Zeiger antreibt, sie wieder in Nullstellung dreht.

Sommer bringt dir das Licht zurück,
welches dich ohne Sonnenbrille
erblinden ließe.

Die Zeit läuft aus.

Sommerzeit

Sommer,
Blaumacher,
hitziger Blitzkracher,

reibst die Zeit auf
mit Sengen und Drängen.

Beutetier der Sonne,
die alles in dir schmelzen lässt,
was vereist und verhärtet,

Sommer,
treibst den Wolken das Grau aus
und den Nächten
singt dein Knistern
ein Traumlied.

Sommerfeuer

Wer hat den Wiesen die Nässe geraubt,
wer den Käfern die Kammer?

Unsere Haut brennt vor Hitze und Feuer.
Der Boden verdorrt, Gräben reißen auf.
Wir müssen ihn schützen mit Wasser und Sand.

Wenn die Sonne vergeht, löschen Nächte die Brände,
die der Sommer für uns gelegt.

Wir können das Verglühen nicht verhindern,
aber wir können mit den Gluten einen Ofen schüren.

Sommerblüte

Ein schlechter Sommer, der nicht mit Hitzepfeilen schießt,
sich hochhaucht an die blauen Fronten,
sich ungehemmt weitet im Unbesonnten,
dass mir der Kopf mit tausend Blüten überfließt.

Hingeflammt ins Herz des Ausgeruhten
verduftet Geraniol, Jasminum, Pomeranzen,
lassen die Düfte ausflocken, tanzen,
hitziger Atem lässt die Sinne überfluten.

Noch zögernd schlürft der weiße Schaum der Wellen
von meinem Körper Salz und lässt ihn baden,
bis er versinkt im Nass bis zu den Waden
und fast ertrinkt, wenn die Gezeiten schwellen.

Oh wie die Schöpfung sich im Übermaß vollendet,
die Becken einen Sommer überfüllt,
die Muscheln voller Fruchtbarkeit umspült,
mit leichtem Herz das Ausgereifte an die Ernte spendet.

Im Sonnensaal

Im Sonnensaal,
wo das Tagpfauenauge
sich im Lavendel öffnet
und Hummeln sich
durch Blütensüße tummeln,
flutet weißstrahlender Lichtstrom
die Straßen der Stadt.

Zwischen Dächern
treibt die Zeit Müßiggang
vor sich her wie das Ewige
die Unendlichkeit.

Nichts überstürzt die Takte
der Motorengeräusche,
die Bewegungen der Arbeitenden verlangsamen,
selbst Tauben warten aufmerksam.

Vor mir die Stundentafel
der Ladenbesitzer
mit Anfang und Ende,
Sommerrabatt und Ausverkauf.

Das Sonnenbeseelte hütet
den Freigang des Augenblicks.

Citymeile

Im Hitzefeld der Citymeile
schwebt die Leichtigkeit des Seins.
Über dem Kohlebrunnen
thront der Bergmann,
bedeutet der Hauptstadt das Wagnis,
ehernen Sandsteinfassaden
mit postmoderner Architektur einzuleuchten.

Zwischen Hauptbahnhof und Saargalerie
tändeln Kauftouristen zeitbefrachtet.
Die Bahnhofstraße stoppt den Verkehrsfluss,
lässt der Passage der Wünsche freien Lauf.

Arkaden spannen ein Kälteschild
und auf den Ruheinseln des Straßenpflasters
kosten Ermüdete den Nulltarif aus.
Im Blickwinkel der Schaufenster
spiegeln sich die Anpreisungen,
verlieren Werte an Bedeutung.

Unter den Sonnenschirmen der Freiluftcafés
parlieren Pausierende, die sich erfrischen
und der Zeit Unterbrechungen abfordern.

Am Ende der Citymeile
färben Ampeln den Ausgang.
Das Überschreiten der Übergänge
mobilisiert die verdrängten Grauzonen.

Saarbrücken

Berliner Promenade

Ja, sie blenden mich, Schweißperlen,
die auf Wellenkämmen glitzern,
da der Fluss dem Gelbkörper wehrt,
der aus den Höhen Flammen wirft.

Obschon Windäste über die Wasserhaut fächern
lodert die Stirn des Gewässers.
In dieser von Brandwunden gezeichneten Strömung
kräuseln Fische, im Gespräch mit Ankern,
eine Luftblasensymmetrie. Sie gerät in Wallung,
wenn sie auf Steinhöhen trifft,
die den geraden Lauf der Zeit behindern.

Jetzt hat die Sonnenhand den Feuersturm
über die Brüstung getrieben,
löst eine Klangfolge aus,
die auf der Esplanade der Eiscafés schwingt.
Versprechungen wildern durch die Hitze,
die den klaren Blick verschmäht.
Schon das Rascheln einer Duftnote Aufsehen erregt,
inspiriert von der Sehnsucht des Sommers.

Ach, ihr kehren jene den Rücken,
die verängstigt sind und wortlos,
die die Gunst der Stunde vergrämen.
Ich spüre die Trauer der verlassenen Tische
bis Guiseppe sie befreit von den Resten
der erotischen Blasphemie.

Saarbrücken

Sommergewitter

Wie schwer der sonnenheiße Lichtstrom donnert.
Die Wolken ziehen schwarze Schleppen übers Land
und streifen übers Gras. Sie reißen unaufhaltsam
das Blau in Fetzen wie eine papierne Wand.

Die Schleppen fallen, graue Mauern brechen,
das Krachen in den Köpfen tobt und stürmt.
Die Augen glaubten windigen Versprechen,
die dir die Sommerlippe gab. Doch auftürmt

sich dunkles Treiben, atmend Vergänglichkeit.
Die Nebel treiben über Felder als ein Vagabund,
Dunstfontänen speiend, kappen jede Anhänglichkeit
mit grellem Scheinen aus dem Hintergrund.

Der sonnenheiße Lichtstrom wandert weiter
und über frischer Stille hängt ein Regenbogenband.
Die Tropfenperlen in der Rinne singen Klagelieder
des Vertrocknens in der Muschel einer Sommerhand.

Schattierungen

Ich liege unter Kiefern auf der Sonnenbank
du sagst, auf meiner Haut spiegelten sich
Schatten der Nadelzweige

ein Eichhörnchen schwingt sich
am herabhängenden Ast empor in die Höhe
knackt des Sommers Erträge

schlaftrunken wehrt sich der Baum
verändert meine Schattierungen
am Wurzelsaum

das Pelztier springt hoch
hangelt sich von Geäst zu Geäst
klettert noch hungrig am Stamm herab
und wühlt im Blätterrest

sieh nur, sagst du, was am Boden liegt
sträubt sich nicht

Verschiebungen

Mild nenn ich dich Etzenhofen
wie du da liegst mit deinen Straßen
inmitten ungezwungener Wiesen

still trägst du den Sonnennebel
auf den Laufsteg der Vögel
die voll des Lichtgolds
in der Luft Pirouetten drehen

unter dem Wärmewall
der sich aus der Höhe löst
bist du die sanfte Zuflucht

leichthin begleitet mich ein Schatten
der auf die gegenüberliegende Seite rollt
Köllerbachs Kyllberg in zartes Dunkel taucht

von weither ein Winken
das die Dorfhügel zusammenschiebt
und das auseinander Liegende verknüpft

Püttlingen-Köllerbach/Etzenhofen

27

Loreley

Drüben in den Sommerarmen
schwelgen Schmetterlinge leis,
brennt Gelbes ohne Erbarmen
Risse in die Erde.

In fröhlich wippender Bluse
krallen sich die Blicke fest
versinkt die schwarzhaarige Meduse
Schiffe in ihr Meer.

In ihren Strähnen klagen Laute
von Sehnen und Verlangen.
Nur einmal wird sie dir zur Braute,
zieht alles in die Tiefe.

Morgenbad

Wie früh der Sonnenrost Kohlen zum Glühen bringt,
wenn er die Morgenschaufel aus dem Karren greift,
wenn er mit Feuerpeitschen den Wagen glutig seift,
bis glitzert seine Bahn und das Gefährt anspringt.

Den Mond treibt er ins sternenmüde Schlafgemach,
uns einheizend in Folgen, ununterbrochen wie in Serien.
Verstummt das Lärmen aus den Straßen, es sind Ferien.
Im Schlafgelände spielen Kinder ohne Krach.

Der Brunnen plätschert über die Kaskaden,
die Amseln hüpfen auf den Rand köstlicher Schänke,
Sperlinge folgen, bevölkern lauthals Ruhebänke,
bevor sie stürzen in den Wasserfall zum Baden.

Sie gurgeln flügelschlagend, spritzen und krakeelen.
Vorbei die Morgenstille, alles hallt im Zwitschern,
es zischt, wenn sie, im Becken schrill auftitschern.
Selbst Phaeton kann Verwund'rung nicht verhehlen.

Mittachsrou

De Louft schlaat Blòòsen in da Mittachsschtunn,
und in de Haisan sin de Leit om Schlòòfen.
Met dea grell Hitz dut kääna sich beschtròòfen.
De Käfa roun, hònn Unnaschlupf gefunn.

De Tierklinik hat uff trotz Mittachsschtunn,
de Leit stehn òòn in ääna Reih wie Schòòfen,
de Hundscha lein òm Bòdden, mòònen poofen,
wea flitzen gett, gift gleich fescht òngebunn.

Aich stehn im Gaaten, louen nò de Neschtan,
dò kummt ään Katz geschnurrt, schleischt durch de Wies,
bleiwt pletzlich stehn un scherrt varrickt im Kies.

Dò fängt ään Meisenmòmmen òòn se läschtan,
se hat de Schnäwwelche dea Kläänen frej gefittat,
de Katzenspur hòtt se schunn lòng gewittat.

Mittagsruhe

Die Luft schlägt Blasen in den Mittagstunden,
die Leute in den Häusern friedlich schlafen,
mit Hitze will keiner sich gern bestrafen.
Die Käfer haben Unterschlupf gefunden.

Die Tierklinik hat auf trotz Mittagstunden,
die Leute stehen aufgereiht, gleich Schafen,
am Boden liegen Hunde, wollen schlafen,
wer ausreißt, wird sogleich fest angebunden.

Ich steh im Garten, schaue nach den Nestern,
die Katze schnurrt, schleicht langsam durch die Wies',
bleibt plötzlich steh'n und scharrt verrückt im Kies.

Da fängt die Meisenmama an zu lästern,
sie hat die kleinen Schnäbel früh gefüttert,
die Katzenspur hat sie schon lang gewittert.

Lichtblumenstrauß

Im Wiesenmoos liegen
auf gelb gefüllten Löwenzahntellerchen
mit Magenbitterduft,
in den Ohren ein hohes Tirili,
ein Tschakerditschak, das die Weibchen ruft,
vor den Augen Zitronenfalter,
das Surren jubelnder Insekten,
der brummende Hummelflug,
welche den Ameisenritter weckt.

Über mir stellt die Sonne
den Lichtblumenstrauß in die Himmelsvase,
als wollte sie den frühen Sommer
in mir blühen lassen.

Mittagsdissonanz

Auch das Windflüstern schläft.
Der Horizont zaudert sonnenbehaart,
spinnt seinen Bogen ins maisgelbe Flimmern
und verschwimmt zwischen dem Wolkenpuder,
den der Himmel sich auf die Lider legte.

Der Sonnenstand kulminiert,
das Zeitgespinst glüht unter der Belichtung,
trifft auf Mörtelzeichnungen, auf Häuserreihen,
auf das Staatstheater, das angegraut und benommen
zusammenzuckt, eine Erschütterung,
die durch meine Glieder fährt
und mir für einen Moment das Schaubild verzerrt.

Plötzlich steigt jemand trunken
auf die Zeiger der Mittagsuhr,
schlägt in das Herz der Sommerflur eine Tür,
unten im Gebüsch, zwischen den Heckenrosen,
dem stillen Versteck der Bänke,
auf denen Ermüdete unentdeckt ruhn
und jene Auszeit verkörpern,
welche die Ordnung des Tages verpönt.

Worauf der Erdengrund überhitzt
und unter Gräserschatten zerbricht.
Die Käfer flüchten, versuchen,
der Verödung zu entfliehen,
wie die Schmetterlinge,
die sich in Blütenkelche einschließen.
Sie sind durstig und gebeugt
in der Flora, die fiebert,
die der Saarwiese argwöhnt.
Sie taumelt versponnen
in der Dissonanz der Hochzeit.

Mittachs

De Sunn is reduur
knallt den Virrelcha uff de Deetz
feiat die Wies òòn
endlich los se bliin

im Scheesewänsche plappat
ään klään Kind met seina Mòmmen
spillt met seinen Fingascha
Gummitwist

uff em Trottwa
kauat ään Katz
blinzelt aus de Auen
un schnurrt

in da Louft hängt
Brotkrumpadouft

pletzlich is alles gonz dussma
in da Ströòß
nua aus em Kullang trippst it
in de Mittach

bis de Sunn
all Troppen
vadunscht

Mittags

Die Sonne ist zurück
knallt Vögeln auf den Kopf
feuert die Wiese an
endlich loszublühen

im Kinderwagen plappert
ein kleines Kind mit seiner Mutter
spielt mit seinen Fingerchen
Gummitwist

Auf dem Bürgersteig
kauert eine Katze
blinzelt aus den Augen
und schnurrt

in der Luft hängt
Bratkartoffelduft

plötzlich ist alles ganz still
in der Straße
nur aus der Regenrinne träufelt es
in den Mittag

bis die Sonne
alle Tropfen
verdunstet

Donnerwetter

Müde Sonne glüht nicht mehr
Himmel gab die Farbe her
Wolken hängen tief und satt
Meer streicht seine Wogen glatt

Nur der Wind braust auf und tobt
von Wald und Dünen hochgelobt
bricht in Mittags Trägheit ein
schleudert Nass durch Mark und Bein

Danke vielmals sagt die Landschaft
applaudiert von ihrer Mannschaft
und der Gast sagt alle Wetter
Donnerblitz wat für 'ne Retter

Halde der Ewigkeit

Über Stundenstützen
Sonnenflöze im Himmelblau

die Kohle der Sonne
von Wolken abgebaut

im Luftverhau
leert der Regensteiger das Zeitgold

Lichtschutt
für die Halde der Ewigkeit

Sonnenglut

Ihr Sonnentöchter füllt das Auge mit trunk'nem Blick,
Heil'genscheine der arglos frühen Götterstunde,
dreht euren Erlenkreis als eine späte Mittagsrunde,
als wär die Überhitzung eines Sonnenwagens Trick.

Ach, legt die blauen Kissen an die Stirn des Windes,
dass er sie bläst und treibt ein wenig milder.
Der Himmel spiegelt sich wie ausgeblich'ne Bilder
auf den Leintuchblüten eines lichtgeplagten Kindes.

Wer altert rascher in den grünen Blattverstecken,
die sich dem heißen Wangenkuss entzieh'n,
in deren Höhlen sich die Käfer torkelnd flieh'n?
Könnt ich die Wasserschalen zum Bewegen necken,

die Tropfentänze eines lauen Regens auszuführen.
Wie gerne möcht ich deine feuchten Lippen,
wenn sie von meiner Haut die Hitze nippen,
als Wasserstrahlen auf meinem ganzen Körper spüren.

Sonnenuhr

Straße des Lichts
Sonnenschmelz
brennst dich mir ein
wärmende Schönheit
schickst mir Ikarus
für den Höhenflug

im späten Spelz
flattern Glühwürmchen
um die Sonnenuhr

Leuchtfeuer
für die Landung
der Dunkelheit

„Und redete mit Zungen"

Pfingsten

Ich spür den Hauch in meine Seele fließen,
den Du verströmst, mit dem Du jeden bannst,
den Du erwählst, mit dem Du fesseln kannst.
Dein Wort, Dein Geist sich über mir ergießen.

In dieser Welt die Zweifel mich entließen,
die Kraft des Glaubens in mir eingepflanzt
in meine Seel', in der dein Himmel tanzt,
dein Engelheer will meinen Weg beschließen.

Voll Ehrfurcht will ich folgen deiner Weisung,
die Du gesandt und lege Zeugnis ab:
das Leben stieg empor aus einem Grab.

Erlösung schenkst du deinem Volk als Speisung.
Das Kreuz, das Du für alle hast getragen,
der Liebe Spur, wird in die Herzen ragen.

Shin

Wo bleibst du
Seele
die in mir selbst ist
und du
Seele
in der ich selbst bin

Kein Feuer
verbrannte je deinen Stern

Wo du bist
ist sonst keiner

Wo wir sind
bindet uns Einer

Sternstunde

Wo Du bist
versinken Zweifel
Schutzblende Dein Licht

Leben webst Du ins tot Gewordene
und das All Deiner Hoffnung

nie aufhört das Werden
in der Galaxis verborgenem Du

Und redete mit Zungen

Ich pilgere im dünnen Gras
das weite Wege gehbar macht
vom Lichtern bin ich aufgewacht
die Finsternis ich ganz vergaß

Es hellte aus den Höhen mir
ein weißes Tuch mit roter Schrift
Wenn dich die Botschaft Gottes trifft
redet er klar und laut zu dir

Der Pilgerweg dich weiterführt
schau nicht zurück denn er ist hier
Du bist sein Bote sein Kurier
du bist von seinem Geist berührt

Ich pilgere im grünen Gras
in weiten Wegen hin zum Licht
Dass mir sein Geist fortan gebricht
verschüttet er sein Liebesmaß

Karmel

Mein Herz, in tausend Fasern aufgerissen,
zerästelt, aufgespleißt und leergefühlt.
Im Ruhelosen ausgedacht, zerschlissen,
im Lärmenden zerschellt und weggespült.

Die Stille leicht und hell, so deutlich spürbar
sein Geist, berührte, füllte jeden Ort.
Im Schweigen sprach die Stimme, rief mich wortklar,
und meine Seele heilte immerfort.

Der Stundenschlag vereinte Ordensleute
mit jenen dort, die das Gebet verband.
Wer tiefen Glauben suchte, sich nicht scheute,
in Gottes Liebe einging und verstand.

Der Berg Karmel entfacht sein Feuer wieder.
In der Kapelle brannte heil'ge Loh.
Ergriffen kniete vor Verehrung nieder
das Gottesvolk, der Schmerz verging, entfloh.

Auszeit im Karmelitenkloster Springiersbach

Licht vom Licht

Suche im Licht
das Züngeln der Strahlen
lass dich behellen
sieh nicht mehr herab

gib deine Seele
in all dieses Leuchten
es überstrahlt
alles Weh alle Klag

strahlt deine Seele
auf andere Seelen
leuchtet das Licht
in allen fort

du bist der Leuchter
den er entzündet
trage die Kerze
an jeglichen Ort

Allerliebstes Licht

Da Du mich rufst, Dir zu folgen,
nimm nur mein Herz, nimm meine Seele ganz.
Kein Weh, kein Schmerz wird mich Dir nehmen,
vergess ich mich, vergess den Glanz.

Da Du mich rufst, Dir zu folgen,
gebe ich Dir mein ganzes Leben neu,
will Garten sein, sä' Dich mir wieder,
dass keimen kann die Frucht der Treu'.

An Deinen Blüten ich mich freue,
an Deiner Nahrung reife ich allein
und Deiner Sonn' erwächst die Wurzel,
die Tränen werden Regen sein.

Da Du mich rufst, Dir zu folgen,
geb ich mich Dir zu Deinem Willen hin,
mein Schöpfer Du, mein starker Tröster,
Du meiner Hoffnung Zuversicht,

Du hellstes, allerliebstes Licht.

Liebe

In der Finsternis der Nacht
hält dein Licht mich stark und fest
alles was mich zweifeln lässt
ist von Liebe zugedacht

Was das Kreuz verheißen hat
dass die Liebe überdauert
dass mich Leid nicht mehr erschauert
ist dies Geistes heilge Saat

Liebe trägt uns wie auf Flügeln
unversehrt in Licht und Schatten
lässt im Kampf uns nicht ermatten

Liebe wird das Dunkel zügeln
was sich sträubt zum Licht bekehren
Liebe kann nur Liebe lehren

„Auf der Gartenbank“

Im Blumenreich

Im Klostergarten steht ein blauer Hirsch
und röhrt, im Blumenreich ein Glockenton
der Stille huldigt, göttlicher Passion,
mitten im Grünen geht sie auf die Pirsch.

Vom Monte Schlacko löst sich ein Geknirsch
von Kieseln in der Windmeditation.
Die Rose rügt die Staubindiskretion
mit Duftentzug, ein Falter flattert wirsch

vom zitternden Lavendel, Eselsdistel
sich entstäubt, El Pasos Kaktusohren
sich richten für die Weisheit der Epistel.

Den Gartenzaun, bestrahlt von Chrysanthemen,
berankt der weiße Riesling unvergoren,
das Reifen muss sich mit Geduld bequemen.
.

Dufthimmel

Sonne hat mir
ihr goldenes Tablett gereicht
voll luftiger Wärme

ich betupfe mich mit ihr
streiche ihr Parfum
an meine Schläfen

Sommeraugen schweifen
blinzeln gelbgesättigt
über Mohnblüten

duftvoller noch
wehen Damaszenerrosen
den Himmel zu

Renaissancegarten Schloss Berg

Umschlinge mich Buchsgebüsch
mit Knotenpunkten

du bist der Sonnenuhr Leisezeit
Stillfläche blauen Gefalls

versunken zwischen Eibenbällen
nimmt eine Bank meinen Körper auf

Harmonie des Windgestreichs
umsonnt, belichtet
gelöst meine Glieder

Pergolengehölz überspannt
Endpunkte der Splittgänge
von Tausendjährigen umwunden:
Duftkränze aus Rosenranken

inmitten des Grünlieds Tonwechsel
gelber und roter Akkorde
wenn das Schattenglissando sie trifft

Römische Gärten der Villa Borg

Rosenzimmer
römischer Duftfall
Buchsbaumteppichen zu Füßen
auf der Suche nach liebesblauen Blumen

Tropfenträume auf weißem Brunnengehöft
zerspringen auf der Auffangschale
tausendfache Lichtsplitter

Najaden entschweben
weben auf der Ruhebank
Brautschleier für die Heere Jupiters

ich sinne auf der Erinnerungsinsel
Hochzeiten der Römerseele nach
venusisches Geträum
aus vergangenen Berührungen

wie schlicht sie mir scheinen
beim Aufgang der Plejaden
sieben Punkte im Dämmerungshimmel
die noch immer die Richtung ausleuchten

Reeschen

Reeschen, Reeschen, Stachelblimchin
riecht so fein un zaat
dausend Blätta sin dein Scheßchen
jed Bien in dir bad

bischt da Zaun vom Gaatenpädchin
bischt da Bonk ia Dach
bischt em Rejenwurm sein Lädchin
wea deich greift gift wach

Reeschen, Reeschen, Stachelblimchin
jeda sitt deich gea
gifscht Valiebten ään klään Steeßchen
foa ään Kissjen mea.

Röschen

Röschen, Röschen, Stachelblümchen
duftest fein und zart
tausend Blätter sind dein Schößchen
bist ein Bienenbad

bist der Zaun vom Gartenpfädchen
bist der Bank ein Dach
bist dem Regenwurm ein Lädchen
wer nach dir greift wird wach

Röschen, Röschen, Stachelblümchen
jeder mag dich sehr
gibst Verliebten kleine Stößchen
für ein Küsschen mehr

Rosengarten

Rosengestade
Insel voller Gefühl
nimmst auf die Gestrandeten
brennende Wunde wird kühl

Rose Seelenbalsam

in deinen Schonungen
blüht das Verlorene auf
dein Sinnen erfüllter Garten
ebnet den Liebeslauf

Rose Vollbringerin

dein weltentrücktes Leuchten
nährt verstummtes Lebensbeet
mit frischem Liebeskorn
Trauer verweht

Rose Liebesflaum

in deinem Glühen
entflammt loderndes Licht
seliges Taumeln
in deinem Blütengesicht

Rose
Entzünderin
elegisches Seelentuch
Glutstätte

Rose
Duftreigen
Essenz des Begehrens
Liebesöl
Rose Blütensamt
Purpurseide
Liebesbett

Rosenblüte

Wie aus grünen Schattenrissen
sich die Knospe überbeugt!
Zaubrisch hat sich losgerissen
ihre Blüte dornbezeugt.-

Blatt für Blatt entzückte Röte,
Farbenspiele ungezählt.
Herz für Herz sich überböte.
wenn das Glück sich's auserwählt.

Hingegeben diesem Schönen
trifft die Rose tief ins Mark,
will sich alles mit ihr krönen,
Liebesblume, Rosenpark.

Garten der Sinne, Merzig

Auf der Gartenbank hinter dem Haus

frühmorgens in der Wiese sitzen
nichts hören als Vogelstimmen
nichts sehen als Nebeldunst
nichts fühlen als feuchte Luft
am Himmel die weißen Schlieren der Flugbahnen
zwischen den Atemzügen spüren
die Stille allen Anfangs

Sommergarten

Körbe des Gartens
gefüllt mit Rittersporn und Oleander
gewürzt mit Rosmarin und Koriander

aufsteigt aus Beeten
aus Rosenstock und blauem Flieder
ein Lockruf ein bebendes Gefieder

als plötzlich unter Ästen
Trauer sich verbreitet bei den Gartengästen

es genügte Regenschauer dass die Idylle
sich verkehrte in den Laut einer Sibylle

Flamenco am Wölfelsbrunnen

In der Sonnenlethargie säuseln gelbe Seerosen
vom Teichgrund kräuseln Halmschöpfe
leichte Wellen auf
im Wasserspiegel äugt ein Reiherpaar
kupfergrün
Steingänse stechen in See

Moos überhauchte Amphoren
angelehnt an Steinwacken
öffnen sich dem Himmel
der sein Lichtblau über die Meere schickt
für den Rhythmus andalusischer Stunden

im Flamenco des Frauenfarns
tanzt die Vogelbeere
Wacholderdrosseln rasseln den Takt
für die Zinnien
die zwischen Thymian und Hauswurz
gelbrot erzittern

eingewurzelt im Baumschatten
verwischt die Hitze der Erinnerung
ihre Spuren in den Wurzelschossen

Gewidmet Agnes und Werner und Himbert Püttlingen, Beim Wölfels-
brunnen, 06.07.07

Heascht se singen
de Virrelscha
schwärmen deich òòn
als weascht dau
än Firsischbòòm

jetzt peifen se da
im Kopp rum
als hättscht dau
met Zitronen gehòndelt

Butschgeißen springen
im Wald deck Aam und Bään zou
dein Blut riecht so siiß

De dunklen Daa sin
von da Sunn gefiltat em
Nordwind nit genuch

Hörst du sie singen
Vögelchen
schwärmen dich an
als wärst du
ein Pfirsichbaum

jetzt pfeifen sie dir
im Kopf herum
als hättest du
mit Zitronen gehandelt

Zecken springen im
Wald deck Arm und Beine zu
dein Blut riecht so süß

Die dunklen Tage
sonnengefiltert sind dir
Nordwind nicht genug

Absinth und Ambrosia

Hellviolette Ackerwinde klettert am Kraut
der Topinambur empor verstrickt sich
in den Korbblüten der Erdäpfel

im Versteck der Sonnenbank träufelt
Bitterkraut Wermutstropfen ins Gewächs
rosa Rosen schwelgen im Aperitif des Sommers

verströmen ambrosischen Balsam
für die Bienenköniginnen
auf der Nektarspur in den Blütenpfad

im Spalier der Stockmalven und Königskerze
herrscht Honigrausch

Lebensgarten

Milde waltet in des Gartens ew'gen Hände
Samen streut den Segen der Natur
in geistliches Gelände
einer weiten Heimat

ein Lebensbaum der ausgebreitet Wurzeln flicht
im Wüstensand der Früchte führt
in himmlisches Gelicht
und niemals ruht

Güt'ger Gott
der du das Walten deines Dieners überlässt
dem Sorgen für die Seelen
als ein übervolles Erntefest
in deiner Heimstatt

die sich öffnet
in der Blüte allen Liebens
sich dem Leuchten hingibt
Senfkorn allen Siebens
mit vollem Blut

Feigenbaum
du trägst das neue Blatt
als eines Lebens grüne Frucht
die in sich birgt das Reine
einer dornenlosen Rosenzucht

Gewidmet Hans Georg Müller,
Püttlingen, Weiherbergstraße, 29.08.08

Im Irrlicht

Abendsonne setzt den Goldstift
unter die Tagestönung
Signatur der blauen Stunde

Kirschlorbeer und Schmetterlingsflieder
flüstern mit der Gartenzeile
Stühle paaren sich unterm Nussbaum

Fassadenrot zersplittert im Wasserspiegel
Goldfische springen im Pulk aus dem Teich
formieren sich vor dem Einschlag der Fischreiher

Vögel verfliegen sich
manchmal verfehlen sich Menschen auch

Òm Ellbach

Uusa Stròòß hòtt links un rechts noch Wiesen,
dazwischen Gräwen volla Wassa lònggezoo.
Johanniskäfa sin drin rumgefloo,
Gestripp is monchmoll hochgeschoss zu Riesen.

Gesteat hòtt uus dat nit, nix kunt vamiesen
de Spass, dòdrinn se stöban, abgewoo
de Sprung uff die anna Seit vom Ellbach, geboo
dòfoa ään Ascht, um sich abseschießen,

woa ga nit änfach ohne Sä, int Wassa
sin mia mea als äänmoll ringefall,
sin rongeroppt ònt Ufa, uus die Annan all

de Hänn gestreckt, doch weil noch nassa
ma woa, is ma serick gerutscht òm Ascht,
gekrawwalt wie ään Frosch aus em Morascht.

Am Ellbach

Links und rechts von unsrer Straße lagen Wiesen,
dazwischen Wassergräben langgezogen,
Johanniskäfer sind herumgeflogen,
Gestrüpp schoss manchmal hoch als wären's Riesen.

Gestört hat uns das nicht, nichts konnt' vermiesen
den Spaß, darin zu stöbern, abgewogen
den Sprung auf Ellbachs andre Seite, gebogen
dafür den Ast, um sich abzuschießen,

war gar nicht einfach ohne Säge, ins Wasser
sind wir mehr als einmal reingefallen,
sind rangeroppt ans Ufer, uns von andren allen

die Hände ausgestreckt, doch weil noch nasser
wir waren, sind wir zurückgerutscht am Ast,
gekrabbelt wie ein Frosch aus dem Morast.

In da Bòònt in Wellingen

In da Bòònt hònn Fußball mia gespillt,
uus hònn kään Autos iwa Daach gesteat.
De Ströòß woa glatt genuch dafoa geteat,
un monchmoll hòtt de Sunn uff ia gegrillt.

Un wenn voa lauta Hitz se wellisch uffgerillt,
hònn mia de Klicka ausgepackt, vameat
se durch Gewinnen, annan Säck geleat
un ausgetrixt. Wenn ääna laut gebrillt,

weil a se vill valoa, hònn mia gezänkt,
gestritt, bis Nòòpaan aus em Finschta
gerouf, ma sollt vaschwinnen, han hinnam Ginschta

uus vastoppt, gewaat, gelout, de Kopp varenkt,
sin òn de Ellbach durch die Wies geronnt,
dii Friedenspeif hòtt lòng geraucht, gebrònnt.

In der Straße in Saarwellingen

Auf der Straße haben Fußball wir gespielt,
uns hat kein Auto tagsüber gestört.
Glatt genug die Straße war geteert
und manchmal hat Sonne auf ihr gegrillt.

Wenn sie vor Hitze wellig aufgerillt,
haben wir Klicker ausgepackt, vermehrt
sie durch Gewinnen, andren die Säckchen ausgeleert
und ausgetrickst. Hat einer laut gebrüllt,

weil er zu viel verlor, packten wir uns am Schopf,
wir stritten, wenn Nachbarn riefen aus dem Fenster,
wir soll'n verschwinden, liefen wir hinter Ginster,

warteten, schauten, renkten unsren Kopf,
sind an den Ellbach wiesenwärts gerannt,
die Friedenspfeif' hat lang geraucht, gebrannt.

„Ein Regenwurm im Sonnensturm"

Der Floh

Im frisch verdorrten Stroh
verirrte sich ein Floh.
„So", sprach die Frau Mama,
die das Entschwinden sah,
„komm du mir nur nach Haus,
ist's aus mit deinem Schmaus!"

Der Floh jedoch war froh,
denn er verpasste so
ganz ohne große Flausen
das ungeliebte Zausen.

„Ach Kind, wo bleibst du nur?
Was bist du nur so stur!"
schimpft sie ganz nervös
und wurde langsam bös.

Als auf die Straße lief,
die Sonne stand schon tief,
ein kleines weißes Kätzchen,
verspielt mit lauter Mätzchen,
da sprang die Flohmama
mit leisem Hopsassa
aufs süße Katzenkind
und brachte ihm die Grind.

Dies sah die Katzenmutter,
sie brachte grad das Futter.
begann mit Argusaugen
das Fell gleich abzulaugen.

Da fiel die Flohmama
ganz ohne Hopsassa
in jenen Laugentank,
sank hurtig und ertrank.

Aufs wollig warme Stroh
das Katzenfellshampoo
die Katzenmutter goss,
und über'n Kindfloh floss.

Da floh der kleine Floh
gebadet aus dem Stroh
und suchte nun mit Grausen
die Flohmama beim Zausen.

Es rief ein kleiner Floh:
„Wo bist du Mutter, wo?"

In Memoriam Heinz Erhard

Wahre Freundschaft

Ein Regenwurm im Sonnensturm
den Leib durch Grund und Boden zwang.
Ein Vogelmaul hackt in die Kaul,
ein Floh auf dessen Flügel sprang.

Das juckte sehr, kratzt hin und her,
der Spatz, spannte die Flügel weit.
Da kroch der Wurm zum Möhrenturm,
der Floh fiel aus dem Federkleid.

Er hüpfte auf den nächsten Vogel,
der flog grad hin zum Möhrenkogel,
wo sich der Wurm verköstigte.

Dass er ihn nicht belästigte,
verbiss der Floh, man glaubt es kaum,
den Vogel unterm Bürzelsaum.

Die Waldmaus

Wenn im Wald die Füchse schnüren,
Mäuse sich zu Läufern küren.
Büxt ein Frischling aus der Rotte,
kommt der Fuchs meist nicht zu Potte.
Denn das Mäuslein, flink und flugs
macht sich mit dem Fuchs 'nen Jux,
rast, eh sich der Fuchs besinnt,
ins Erdloch rein, schnell wie der Wind,
zieht seine Erdbautüre zu,
So, Herr Fuchs, mein ist die Ruh!

Die Friedenstaube

An einem frühen Sonnentag,
als aller Wald in Ruhe lag,
erklomm ein Hörnchen, flink und flugs
den Pinienstamm ohne Gemucks.

Es speiste von der Zapfenquelle,
zerbiss die feste Zapfenpelle.
Weit hallt das unverhohlne Schmatzen.
Dies hört ein Anderes beim Kratzen!

Das war nicht recht, denn dieser Stamm
gehörte ihm, ein jedes Gramm!
Doch dem Besucher war dies gleich,
die Zapfenkron' war aller Reich.

Es räkelte zum Nachbarast,
der Zapfenwuchs wie eine Quast
dort prangte und mit viel Genuss
holte es aus zum Räuberschuss.

Da wackelte es im Geäst,
das Hörnchen krallte sich ganz fest
und fauchte jenen Räuber an,
damit er floh. Dem lag nichts dran!

Er sah voll Mitleid an das Hörnchen,
blies ins Gesicht ihm letztes Körnchen.
Das war zu viel, 'ne Kriegserklärung!
Der Kampf entbrannt um die Ernährung.

Das Hörnchen setzte an zum Sprung,
der Dieb war schneller, war noch jung.

So jagte ihn der alte Hase
durch das Geäst mit Spürhundnase.

Sie stießen schrille Schreie aus,
ununterbrochen, ohne Paus',
bis aufgewacht der ganze Wald
vom Kampf der beiden mit Gewalt.

Zur Pinie hin flog eine Taube
und flügelte 'ne Friedenshaube.
Da hielten ein die Kampfgenossen,
kauerten sich an Astes Sprossen.

Die Taube sprach: „Euch sei's gesagt,
wenn ihr nur einen Schrei noch wagt,
fliegt auf das ganze Vogelheer
und flügelt Wind wie Sturm am Meer.

Wir wirbeln auf und machen Dampf,
bis aufhört ihr mit eurem Kampf!
Es gibt genügend Pinienkronen,
die sich für jedes Hörnchen lohnen.

Reicht euch die Krallen, Frieden sei.
Im Wald sind alle Tiere frei!"
Da duckten beide ihre Köpfchen,
die Augen funkelten wie Knöpfchen.

Sie krallten sich zum Friedensgruß
und zogen ab auf leisem Fuß.
Der Taube Spruch zum Himmel schallt.
So ruht in Frieden nun der Wald!

Amselin im Rausch

Es flog mit kräftig lautem Trillern
die Amselin zum Ast.
Die Kirschen lockten saftig rot.
Da war sie recht zu Gast!

Sie pfiff vor Freud ein Dankeslied
mit Strophen ungezählt.
Da lugt die Katz aus dem Verschlag,
und grollte, Lied gequält.

Sie hoffte, dass die Amsel schwieg
zur Mittagspausenzeit.
Die Katze in die Krone stieg,
war diesen Singsang leid.

Hinzu kam, dass der Magen knurrte,
da kam es grad gelegen,
dass so ein Vogel laut aufgurrte,
war es auch anders wegen.

Die Amselin im frommen Rausch
pickte ins Kirschenfleisch.
Die Katze pirschte sich heran
ins Amselfutterreich.

Sie schob zum Sprung die Tatze vor,
da flitzte durch das Gras,
der Dackel Rudi und im Chor
sein Herrchen mit viel Spaß.

Der warf ein Holz, es traf genau
den Kirschbaum unterm Ast,
drauf pickte froh die Amselfrau,
sie unterbrach die Rast.

Die Katze fauchte durchs Geäst,
der Dackel trollte fröhlich,
die Amselin, gestört beim Fest,
tixte unaufhörlich.

Ihr hohes Ssihssih gellte schrill
und drang durch Mark und Bein.
die Katz, gepeinigt von dem Trill,
wollt nur allein noch sein.

Sie floh in ihren Unterstand,
die Amselin entspannte.
Der Hund das Stöckchen wiederfand
und hin zum Herrchen rannte.

Hoch über der Tierklinik

Ausgestreckt hast du dich Futterhaus
unter Sonnenzeichen hallt Tiergemurmel
in den Himmel in die übers Straßennetz
gestülpte Trockenhaube

das Kind, das darin herumläuft, sucht seine Katze
sie schläft mit Artgenossen auf dem Parkplatz
unter Schatten der Randsträucher
die in die Höhe dörren

Mauerwerk, hart geworden, kühlt unterm Vordach
die kauernde Schlange Hilfesuchender
unnützer Glanz fällt auf jene
die mit Wasser sich besprengen

später wenn die Nacht Hand anlegt
an die Glutglocke gießt Dämmerung
ihr Taubengrau ins Licht
mit den letzten Funken schließt die Praxis

Tierklinik Püttlingen-Köllerbach/Etzenhofen

Wenn zwei sich streiten

Regen prickelt über Halmen,
tropft auf schlafende Zikaden,
ruhn im Gras auf ihren Waden.
Vögel zwitschern frohe Psalmen.

Dunst steigt auf, fängt an zu qualmen,
übers Gras wandern die Schwaden.
Ohne Zagen die Zikaden
hüpfen unter Schilfes Walmen.

Ach, da züngelt eine Schlange.
„So ein ausgeschamter Schnödel!
Für dich ist das doch nur Trödel",

schimpfen bös die Vögel lange.
Vom Geschrei der Kampfestiere
aufgeweckt fliehn die Zikaden.
Dank der Schmiere!

Umsonst

Die Kanalratte Tilo
verirrte sich im Futtersilo.
Sie fraß sich Wege durchs Getreide,
füllte ihre Eingeweide,
bis sie aufging wie ein Mops.

Den Ausgang fand die Tiloratte,
als sie sich durchgebissen hatte.
Voll Freude sie sich überschlug,
sich zum Kanaleingang hintrug,
wollt schleichen sich durchs Abflussrohr,
durchschreiten jenes Freiheitstor.

Doch hops, er blieb als Klops drin stecken.
Es half nicht ziehen, drücken, recken.
Am Ende er die Kraft verlor.
Er kam nicht mehr durchs Ausgangstor.

Wen Fressgier treibt wird zum Verhängnis
das Futterhaus als ein Gefängnis.

Goldfische wedeln
im Teich kräuseln Wellen auf
Fischreiher jagen

Wind schüttelt Äste
sie schwingen auf und nieder
Vögel verstummen

Ein Salamander
läuft über die Terrasse
Vögel im Zwielicht

Los der Zikaden

Grashüpfer Grillen Zikaden
sägten in hügliger Wiese
abseits von kühlender Brise
die wehte von Ufers Gestaden

sie sägten, gellten und tönten
herzhaft mit festen Waden
doch Käfer Würmer und Maden
schimpften gemeinsam und stöhnten

soll doch der Himmel uns grollen
dachte die zirpende Meute
denen kein Ungemach dräute
wer sollt ihnen Böses denn wollen

sie hüpften ans Ende der Düne
strichen genüsslich die Geige
dass sich der Meergott verneige
vor ihrer Graskammerbühne

Doch auch die Möwen dies hörten
an ihren fischlosen Pfründen
hinter den sandigen Gründen
Lieder die sie verstörten

sie flogen voll Groll einen Bogen
zum kunstvollen Dünengesang
das Trommeln verstummte verklang
so wird nun ihr Schweigen zur Sühne

Nicht schlecht Herr Specht

Zu Sommers Abschied haut ein Specht
die Schnabelsäge in den Ast.
Zur Mittagszeit im letzten Glast
wird aus dem Zimmermann ein Knecht.

Dies ist dem Eichhörnchen nicht recht,
es schläft grad süß in seinem Kobel,
wird wachgerüttelt durch den Hobel,
die Ruhe durch den Krach geschwächt.

Der Vogel bohrt sich in den Bast
und denkt: das ist nicht schlecht, Herr Specht!
Als um das Nest er weiter zecht,
wird es dem Hörnchen doch zur Last.

Es schlägt die Krallen zum Gefecht
und stellt das Fell auf wie ein Zobel.
Der Specht denkt: dieses Fell wär nobel,
als Innenfutter gar nicht schlecht!

Das Hörnchen springt flugs an die Höhle,
will jenen Störenfried verprügeln,
der droht mit aufgeschlag'nen Flügeln
und schreit aus voller Vogelkehle.

Das Hörnchen, wirr von dem Krakeelen,
trifft jenes Nest nicht ganz genau.
Die losen Brocken aus dem Bau
des Hörnchens Köpfchen nicht verfehlen.
Getroffen fällt der Streiter nieder
auf einen Wurzelstrang des Baums.

Der Specht, verwundert dieses Traums,
trällert den Wald voll Siegeslieder.
Da setzt ein Rotfuchs , der dort schnürte,

zum Sprung an auf die leichte Beute,
als sich des Spechtes ganze Meute
auf diesen stürzte und Wind schürte.

Der Fuchs, erschrocken, lies ihn liegen.
Die Vogelschar schlug weiter Wind,
das Hörnchen lag taub wie ein Kind.
Kein Specht wollte da weiterfliegen.

Als zehn Minuten schon vergangen
schlug's Hörnchen seine Äuglein auf,
der Schwarm vor Freude pfiff zuhauf.
Da wollt Hörnchen nichts mehr verlangen,
hat sich nie mehr bei Spechts verfangen.

„Helios dich mir er-
barme"

Sonnenbad

Julikerze brennt in Sinnen,
langsam tropft das heiße Wachs.
Alles Leben drängt nach innen,
in der Erde wühlt ein Dachs.

Meine angebräunten Arme
rufen nach der Sonnenmilch.
Helios dich mir erbarme,
doch er ist ein falscher Knilch.

Seine Glut schleicht hinter Wölkchen,
vorgetäuscht das Sonnenend.
Aus dem weißen Federvölkchen
sticht er scharf, es brennt, es brennt!

Ach geliebtes Sonnenbaden,
länger nicht kann ich dich freien,
muss mit Wasser mich beladen,
mich ins nasse Becken seihen.

Und so flute ich die Kerze,
lösch den Brand, kühl mich mit Feuchte,
rote Flecken sie ausmerze.
Mich die Sonn' nicht wieder täuschte!

Sonnenbrand

Weil mich der Glast des Sonnenstandes überbrüht,
hüllt mich der Wind mit Sandhandschuhen ein.
Doch meine Freude ist verfrüht.
Durch jene Schutzschicht sticht der Schein.

So schmore ich als Sandmännchen
werd ohne Not zum Rotmännchen,
auf dem sich tummelt Mück und Wespe.
Ich zitt're bald wie eine Espe,
zerschlage den Insektentraum,
flüchte unter den Schattenbaum

und salbe meine Blöße,
vermindere die Größe
roter Flecken mit Bedacht.
Hätt ich das früher nur gemacht!

Es regnet Zeit
aus dem Himmel
der Freiheit,
unendliches Blau,
Seelengeglitzer,
wenn das Licht
die Seiten wechselt.

Ach Lichtgeschoss

dies hellste Hell keimt Hagelsprosse
bis dieser große Übermut
wird enden in der Sommerflut

ist auch dein Herz Präludium
im rosenreichen Fluidum
scheint's innigst rein und weißer weiß
so endet's doch wie schon gesagt
dass diese Welt von dir geplagt
sich unter Schirmen retten muss
denn aus der Straße wird ein Fluss
und untergeht die Frohnatur
da wünscht man Herbst sich rau und pur

Bist du Wind

Tropfen,
Staub?

Wer geht noch taub
an Land?

Meerjungfrauen
hört man nicht
singen.

So dreist so feist
der Sommer grillt
den Asphalt grau er rillt

die Füße hüpfen
kann nicht mehr barfuß
gehen im Heißruß

sollt auch der liebe Mond noch brennen
muss nachts ich hin zum Wasser rennen
find keine Ruh
im hellen Schmu

dann reis' ich nach Traumalien
fernab der Infernalien
und dir oh Sommer sei's gesagt
wer sich so aus den Wolken wagt
der find sein End
ganz turbulent
in stürmisch grauer Wetterwend

Wetterlehrling

Sommerwind, du heißer Feger,
treibst mir Perlen auf die Stirn.
Bist der hellen Gluten Heger
unter himmelblauem Firn.

Alle Arten fliehen, eilen
vor dem feuertrunknen Kuss.
Komme Regen, sollst verweilen,
gieße aus mit raschem Guss.

Doch nicht teilen will der Besen,
ist ein treu ergeb'ner Diener.
Komme Meister, sei's gewesen,
dass er deines Zaubers wieder.

Walle, walle, Wolke falle,
dass zum Zwecke Wasser fließe
voll mit reinem weichen Dralle
zu dem Regen sich ergieße!

Ach, da schwillt es an, Gewitter
blitzt und donnert durch die Wolken,
schwärzt den Himmel als ein Schnitter,
bis das ganze Nass gemolken.

Komm zurück nun, Besenzauber,
sei kein Stürmer mehr, der Wilde.
kehr den Himmel wieder sauber
und verteile deine Milde.

Wehe, wehe,
seht da blitzt und brennt es weiter,
Sturmwind reißt die Ziegel fort
Sommerwind, der du gewesen,
komm zurück an diesen Ort.

Doch nicht enden will das Wetter,
treibt es bunt ganz ohne Meister
dunkler werden alle Fronten,
Blitze schlagen immer dreister.

Höre, Sommerwind, mein Heißer,
will dich nicht mehr rügen, tadeln,
wenn als Feger du und Beißer
mich piekst mit den heißen Nadeln.

Wettergott, du großer Meister,
meinen Eigensinn verzeihe
wird der Schweiß wieder zum Kleister,
deine Schatten ich mir leihe.

Ach, der Sturm hört auf zu zausen,
seht die Blitze werden schwächer.
Wolken nicht mehr weiter brausen,
lassen ruhen alle Dächer.

Spürt,
die Hitze schürt uns wieder.
wallt die Glut mit heißen Flausen,
schreibt's in weißen Wölkchen nieder,
rasch vermehrt die blauen Pausen.

Und so trage ich die Hitze
vor mir her wie ein Pokal.
Sommer, wenn bist du gewesen,
wird der Himmel wieder fahl.

Atlantischer Sommer, spielerisch leicht
21.7.98

Auf der Sonnenspur
torkelt der Zeiger des Jahrs,
grün und blumig die Wiesen
und Röcke, Wanderstöcke
kommen gerändert daher,
gereist in einem Wald
aus Pinien und Kalkweiß.

Not lässt sich nicht blicken
bei diesem Strahlen der Bläue,
selbst Gemurmel der Wolken
hemmt das Lachen nicht.
Nein, in diesem Ort der Sorglosigkeit
sinnt nicht der Regen auf Rache.

Er spült das Soeben
in die Vergangenheit,
leichtfüßig und gedankenlos
wie dieser Sommer,
der seine Hitze gebührenfrei verschenkt.

Gegenwärtig ist er nicht von Bedeutung,
allein reinigen soll er die Luft
von der Schwüle der Sonnenmilch,
deren Duft nach Kokos und Palmöl
Fliegen zum Schlingern verhilft.

Wie einer Schale die Walnuss,
wie einem Windhauch die Frische,
entnimmt er dem Zeitbild Licht,
ein Spiel der gelösten Worte,
das über dem Summen der Circe
seine Lider schloss und einschlief,
in dem Menschen, die sich lieben,

ihre Liebe wiederentdecken
wie in einem Film mit Bogart,
der tiefblickende Held auf der Abschiebebank.

Frauen, die dort lieben,
tragen ungewöhnliche Namen.
Sie heißen nicht Maria.
Sie tummeln sich auf anderen Sonnenbänken,
jenseits der Rechnung von Raum und Zeit,
schwebend zwischen Himmeln im Feuerrot,
das den Abend versengt und noch brennt,
wenn das Blau sich dem Schwarz ergibt.

Im Grund

Im Rausch der Wogen
ist alles Freiheit:
der Entschluss
als Wellenreiter
oben zu stehen,
als neunmalkluger Weltenbummler
unterzugehen,
als angemahnter Schöpfling
auf den Boden zu sehen,
auf den Grund,
den Lehm,
geborgt
aus einer anderen Zeit.

Ein Sommerspiel

Ein Dach aus Himmel
gestreift von langen Wolkenrispen
an denen weiße Federn bauschen
und ein Delphin der stolz sein Grau
über das Wasser trägt
ein kleines Mädchen reitet ihn
und jauchzt und jubelt laut

das plätschert hin und her und singt
und auch ein Junge schwimmt
auf einem Krokodil das grün
sein Maul erhebt und rotes Feuer spuckt

und haucht und faucht im Sonnengelb
im Kampf mit dem Delphin
den antreibt seine Reiterin
dass Wasser aufrauscht zu Fontänen
bis Kugeln übers Becken spritzen

bald vorne dran die Mütter staunen
und hier und dort ein Vater

Die Langsamkeit

Der üppige Reichtum des Strandes
verleitet zu Leichtsinn.
Ein nicht enden wollender Tag
streckt das Leben und das Sommerloch.
Ich lese zu lange, die Stundenuhr
zweifelt am Ernst der Zeiger.

Ballclaqueure und Wellenreiter
sind die einzige Bewegung.
Kinderstimmen versetzen die Luft
in einen Tonteppich, auf den Silben
krächzen Sekunden minutenlang.

Erst der Abend bricht mit dem Wellenkamm,
der jetzt weiß schäumt und den Sand spült.
Es bleiben die Vergessenen, die den
Sonnenuntergang nicht verpassen wollen.
Die Dunkelheit verbittet sich den Zeigefinger.

Côte d'Argent, Frankreich

Wolkenfuge

Sonnenringe verzerren die Entfernung
überlagern den Weitblick der den Horizont
in blaue Streifen teilt in Wolkenfugen
Windklänge eine Raumsinfonie
aus hitzigem Mittagsdur

über der Gischtspur schwirren Möwen
greifen nach der Zeitmelodie
die kein Verständnis hat für Aufgeschrecktes
und die Eile von den Wellen spült

im Regelwerk der Stunden pendeln
die Silberflächen des Meeres
treiben sich gegenseitig an
bis die Krümmung des Lichts
die Konturen im Unkenntlichen bricht

Côte d'Argent, Frankreich

Lichtfieber

In den Sphären die wie Hologramme wirken
verschwommen und doch vollkommen nah
neigt sich das Fieber des Lichts

Das helle Weinen einer Windbö schleppt
sich in die Ohrmuschel des Ufers
und verfängt sich im Dünensaum

Wenn Lichtsplitter sich am Zeitgrat
versprengen und auf Sekunden flimmern
reibt sich der Himmel das Blau
aus den Augen

Côte d'Argent, Frankreich

Julimond

Sichelmond,
scharfes Schwert dunkler Welt,
Sterne im Schlepptau,

stichelst das Auge des Sommers
mit Silbertalern,

wenn an Nachtwenden
Trunkenheit endet.

Blaue Grotte

Fährst du
durch die Grotte
bleibt der Fels ein Fels
Marotte der Geschichte

Wer hat ihn aufgetürmt
abgewaschen
geformt
zugespitzt

Wer gleitet auf dem Nachen
des Schwans
Königen gleich
durch das Wasserbad

Nur einen Tauchgang entfernt
wandeln Feen am Gestade
durch das Blau
Seelen aufsammelnd
die in Tiefen stürzten

Blumenschiff

Das Blumenschiff
durchquerte den Ozean,
voller Knospen,
aufgesprungen, aufgeblüht.

Oleander duftete,
schmückte die Segel,
reifte im Wind,
der mit den Wellen spielte.

Selbst im Sturm
umklammerten sie den Mast.
Manche Blütenköpfe
riss er vom Stamm,
schäumte sie zerrissen an Land.

Später, als alles Bunte
aufgelöst,
trieb das Schiff farblos im Meer,
ohne Antrieb
ins Ungewisse,
in ausgeworfene Netze.

Ein Fischer stand am Ufer,
winkte und rief,
aus den Maschen
einen Pullover zu stricken.

Die Flut

Lange bevor das Hochwasser kam
wanderte ich über weites Watt,
durchwatete Priel um Priel,
Sandbank um Sandbank,
stampfte, schlitterte, torkelte ich.
Unter den Gummistiefeln
den Boden aus Poseidons Maul,
ausgespuckt zu Haufen der Marsch.

Beim Glockenschlag zehn
verließ ich den Pfad
von fischriechendem Wasser
und steigender Flut,
tobte in mir die Unruhe
wie Seemanns Gedacht:
Komm ich noch zurück
vor der Urgewalt Ungnad?

Die Wellen schlugen mir drohend nach,
aufbrausten in schäumendem Singsang.
Kreischende Möwen stimmten mit ein
in das Lied. Noch stieg die Flut.

Rinnen füllten sich breit und breiter,
drängten die Priel in die Furchen des Watt.
Laufenden Schrittes klopfte mein Herz
in die Angst vor den nassen Massen.

Endlich tauchten am Horizont auf
die Wacht vor der Macht der Natur.
Stolpernd kreuzte ich alle Rippeln,
am Strand gestrandet
wie zeitloses Treibgut.
Noch stieg die Flut.

Sankt Peter-Ording, Nordsee

Strandhotel in Nahsholim

Gestrandet auf gelben Stühlen
im feinkörnigen Sand der Karmelküste.
Aufspringende Wellen
im rollenden Gleichklang
versprühen über Felskuppen Gischt wie Möwen.

Nebelkrähen stolzieren umher,
säubern den Randstreifen
von Würmern und Insekten.
Ein Salamander, schwarzgepanzert, kriecht
unter kahlgespülten, aufragenden Steintafeln hervor.

Vor den Hotelzimmern brennen
Kugellampen im Gras.
Mädchen und Jungen spielen Fußball.
Hebräische Rufe der Mütter
verklingen in der Dämmerung.
Rahel segnet ihre Kinder.

Getrennte Restaurants für Bewohner und Gäste,
Schalen für Waschungen, koschere Küche
und Touristenmensa.

Alles wirkt friedlich miteinander
im Nebeneinander.
Am Horizont schweift der Mond
inmitten silbriger Sterne.

Kibbuz Nahsholim, Israel, Ostern 2016

Sonnenuntergang am Meer

Sonne brennt orangerot im Sand
klettert dunkler werdend
auf das Dünendach und zinnobert

am überhängenden Rand
strecken Halmhorste sich
borstig gegen den Himmel
als riefen sie: uns hat die Nacht erobert

unterhalb des Hügels
mäandern Graspfädchen
in dämmernden Schatten

entfernt treiben Schiffe
auf die untergehende Sonne zu
die abgetakelten Fregatten
machen die Schotten dicht

bevor sich die tiefblaue Dunkelheit
mit dem Meerwasser
zu einem einzigen

unendlich weit
        schwingenden
                Wellengang

vermischt

Shipping for Future

Auf Kreuzfahrtschiffen
donnern die Diesel,
Schweröl getrieben.

Zehntausende
hängen in den Seilen,
klimavergnügt und
vegan.

Fische stottern
im sauerstoffarmen
Untergrund
sich das Plastik
aus den Kiemen.

Globetrotter bilden
sich weiter,
standesgemäß,
von Reise zu Reise,
fallen in Häfen ein,
in Flussstädte und Meerengen,

werfen ihren Müll
mit und ohne Verstand ins Wasser
und entsorgen die Zukunft
ihrer Kinder
bildungsgemäß.

„Tiefen Gelbs Verblühen"

Augusthimmel

Natur ist der Meister der Landschaft,
geordnet nach Ecken und Kanten,
Flächen und Längen,
Lebensräumen,
Schonungen,
Jahreszeiten.

Noch heute verirrt sich,
wer Wälder durchwandert,
auf Wiesen Eisenhut findet
oder Küchenschellen.

Ich suche sieben Kräuter,
hoffe, sie wachsen immer noch
und sind noch nicht abgegrast
von findigen Investoren.

Da! Eine Krähe, ein Habicht
oder war es ein Falke?
Der Schnabel ist der Beute gebogen,
auch Sammler sind Jäger.

Wolken ziehen sich zusammen,
werfen den Grauschleier
über erhabene und aufragende Köpfe.

Der Blick nach oben verrät es:
Himmelfahrt ist nichts für Schwindlige!

Die Ernte

Hat begonnen nun die Ernte,
das Getreide ist überreif.

Roggenfeld, hohes Gras
wird gekappt mit dem Halm,

trennt die Spreu fein vom Weizen,
jedes Korn wird eingebracht.

Dicht gehäuft Garben stehn,
wenn die Winde sich drehn,

aus allen Wagen tönt Musik,
Menschen durchtanzen die Nacht.

Blaue Stunde

Tiefen Gelbs Verblühen,
grüne Kornhalme stehen
im Rot der blauen Stunde.

Die Sommerwunde
brennt noch im Vergehen
auf den Avenuen.

Sonnenuntergang

Grünes Sträuben der Weiden,
sonnenbefeuert.

Krumme kantige Stämme prangen
in der hellen Leuchtkraft.

Aufrechtes Ragen roter Äste,
Wiese im Sonnenrausch,

erregende Farbkomposition
im Brennpunkt des Untergangs.

Aufpreis

Immer noch Nebel. -
Augusthitze wird so beendet
Kälteschwere auf Lidern.

Erst der Nachmittag wärmt
Körper und Bänke unter den Arkaden,
Tauben gurren kein Liebeslied.

Jemand sucht vergeblich
eine Aura Vergangenheit.
Es ist alles teurer geworden.

Spätsommer

Bald schon werden die Nächte lang
neigt sich Sommerlicht Blütenduft
endet lautlos gereifte Frucht
wendet Schwere das Leichte

Was uns fest und verlässlich schien
schwindet unbemerkt hin sogleich
löst sich auf ohne Spur vergeht
flößt das Sterben ins Leben

Werden wandelt das Alte neu
nichts erneut sich was unerfüllt
Tod herrscht wo keiner Samen streut
rodet Zeit alle Tage

Lichtschatten

Mit dem Licht wachsen die Schatten
der Farne; dich Wanderer, der morgens
Vogelstimmen zählt, lässt
der Aufgang unberührt.

Mir wirft er Kieselsteine
ins Gesicht, aufwirbelnden Sand,
der über mir stiebt im Sog des Wandels,
wie ein grauer Star, der zu fliegen
verlernt hat.

Sterbender Sommer

Am Morgen plärren Tauben
aufziehende Wolken dunkelgraublau
treibt der Wind vom Meer herüber

aus der Höhe einer Pinienkrone schrillt
das Pfeifen der Finke
die Wetterfront wölbt sich kühl
über Dächer und Bäume

mitten im August stößt
die Herbstkehle erste Schreie aus
mir flößt die kämpfende Sonne
noch Wärme ein
eines sterbenden Sommers

Das krosse Laub

entgrünt und taub
klappert am Gesprosse

der Sonne Stich
hat dich und mich
geröstet im Gesponne

ich glaub du hast genug gestrahlt
wir sind schon alle knusprig
hast dich in Luv und Lee geaalt
verbrannt ist nicht mehr lustig

und steht die Sonne himmelan
durchwandert den Äquator
hat Tag und Nacht den gleichen Spann
wird Herbst zum Imperator

die Zeit kehrt sich nun wieder um
die Wärme wird uns fremder
ist kälter dir frag nicht warum
wir haben jetzt September

Monatslist

Wer will schon einen Julistart,
die Sommer sind doch viel zu hart,
sie glühen, sprühen, überbrühen
die Haut mit Kleister ohne Mühen,
faseln von Blasen Schwitzeschwatz,
was du auch tust, 's ist für die Katz.

Drum zupfe ich schon am Kalender,
dem großen Monateverschwender,
hoffe auf Kühlung des Verschwitzten,
doch was geschieht? Ich muss nachsitzen!

Es bleibt ein Wunsch, wenn auch ein frommer.
Es kommt noch der Altweibersommer.

Bücher von Vera Hewener

Vermisstenanzeige. Gewidmet den ermordeten Juden des Naziregimes. Lyrik und Prosa. Vera Hewener. Libri BoD. Norderstedt 2000. ISBN 3-8311-0748-3. 2. erw. Auflage 2014. ISBN 978-3831107483.

Lichtflut. Reisenotizen. Lyrik und Prosa. Vera Hewener. Edition Calamus. Norderstedt 2001. ISBN 3-8311-1493-5. 2. erw. Auflage 2014. ISBN 987-3831114931.

Eine Neigung aus Blau. Gegenwartslyrik. Vera Hewener. Norderstedt 2002. ISBN 3.8311-3334-4. 2. Auflage 2014. ISBN 9783831133345

Bist Himmel mir und tausend Feuerfunken. Gedichte. Vera Hewener. Mauer Verlag. Rottenburg a/N. 2003. ISBN 3-937008-46-2.

Verwirbelungen der Zeit. Vera Hewener. Lyrik mit Bildern von Carolin Isele. WiKu Éditions Paris E.U.R.L. Paris und WiKu Verlag KG Berlin 2005. ISBN 3-86553-203-9.

Es kommen andere Ewigkeiten. Gedichte. Vera Hewener. WiKu Édition Paris ISBN 2-84976-0188 WiKu Verlag 2007. ISBN 978-3-86553-189-6.

Himmelsstürme. Vera Hewener. Gedichte mit Fotografien. edition Wort Verlag Bitburg 2010. ISBN 978-3-936554-00-3.

Das Jahr: Dichtung in vier Sätzen. Vera Hewener. Gedichte mit Fotografien. BoD Books on Demand Norderstedt 2013. ISBN 978-3-7322-3168-3.

Zaubervolle Winterwelt. Gedichte, Geschichten, Notizen. Vera Hewener. Verlag BoD Books on Demand. Norderstedt 2014. ISBN 9783735761262.

Frühlingsserenade. Die schönsten Gedichte, Geschichten und Notizen zur Frühlingszeit. Vera Hewener. Verlag BoD Books on Demand. Norderstedt 2015. ISBN 978-37347-3140-2.

Die Blüte des Sommers. Sommeranthologie. Die schönsten Gedichte, Geschichten und Kalendernotizen. Vera Hewener. Verlag BoD Books on Demand. Norderstedt 2015. ISBN 978-3-7347-89540.

In der Saar schwimmen keine Krokodile. Gegenwartslyrik & Texte. Vera Hewener. Verlag BoD Books on Demand. Norderstedt 2015. ISBN 9783738635676

Von Lorraine nach Aquitaine. Reisenotizen in Lyrik und Prosa. Vera Hewener. Verlag BoD Books on Demand. Norderstedt 2016. ISBN 9783741210860.

Du trocknest meine Tränen wieder. Religiöse Lyrik & Texte. Vera Hewener. Verlag BoD Books on Demand. Norderstedt 2016. ISBN 9783743113589.

Zaubervolle Jahreszeiten. Der Frühling. Vera Hewener. Verlag BoD Books on Demand. Norderstedt 2017. ISBN 9783743125117.

Aus meinem Federkiel. Magische Momente. Natur & Seele. Gedichte. Vera Hewener. Verlag BoD Books on Demand. Norderstedt 2017. ISBN 9783744870511.

Zaubervolle Jahreszeiten. Der Sommer. Vera Hewener. Verlag BoD Books on Demand. Norderstedt 2017. ISBN 9783744870993.

„Kerzen, Wunder, Himmels-Zunder". Vera Hewener. Lustige und besinnliche Geschichten und Gedichte zur Advents- und Weihnachtszeit. Verlag BOD Books on Demand. Norderstedt 2017. ISBN 9783744893824. 2. Ausgabe 2019. ISBN 9783738629682.

Die Jahreszeiten: Auslese. Gedichte. Vera Hewener. Verlag BOD Books on Demand. Norderstedt 2018. ISBN 9783738636017

Werkausgabe Band I. Frühe Gedichte 1970-1999. Verlag BOD Books on Demand. Norderstedt 2018. ISBN-13: 9783746025292

Kinder, Hund, Familienbund. Lustiges, Tierisches und Allzumenschliches in Lyrik und Prosa. Vera Hewener. Verlag BOD Books on Demand. Norderstedt 2018. ISBN 9783746056821

Zaubervolle Jahreszeiten. Der Herbst. Vera Hewener. Verlag BoD Books on Demand. Norderstedt 2018. ISBN 9783752842135

Christnacht, Glocken, Engelslocken. Gedichte und Geschichten zur Weihnacht. Vera Hewener. Verlag BoD Books on Demand. Norderstedt 2018. ISBN 9783748107637. 2. Ausgabe 2019. ISBN 9783741251641

In der Saar feiern die Fische. Gegenwartslyrik & Szenen. Vera Hewener. Verlag BoD Books on Demand. Norderstedt 2019. ISBN 9783732237142. 2. Auflage 2020. ISBN 9783752810080

Von Brandasund bis Nasholim. Reisegedichte, lyrische Ausflüge, Geschichten und Notizen. Vera Hewener. Verlag BoD Books on Demand. Norderstedt 2019. ISBN 9783732235841.

Tannen, Lobgesang, Weihnachtsklang. Gedichte, Geschichten, Liedtexte und Bühnenstücke zur Advents- und Weihnachtszeit. Vera Hewener. Verlag BoD Books on Demand. Norderstedt 2019. ISBN 9783750400030.

In der Saar tanzen die Schwäne. Gedichte, Geschichten & Szenen. Vera Hewener. Verlag BoD Books on Demand. Norderstedt 2020. ISBN 9783751921060.

Zaubervolle Weihnachtswelt. Geschichten, Gedichte, Stücke & Notizen zur Advents- und Weihnachtszeit. Vera Hewener. Verlag BoD Books on Demand. Norderstedt 2020. ISBN 9783752606409.

Weihnachtsklang, Lobgesang. Deutsche Gedichte und Nachdichtungen internationaler Weihnachtslieder, Gospels, Spirituals und deutsche Weihnachtslieder in moselfränkischer Mundart. Vera Hewener. Verlag BoD Books on Demand. Norderstedt 2020. ISBN 9783752606393.

Sodom und Camorra. Kurze Bühnenstücke für viele Gelegenheiten. Vera Hewener. Verlag BoD Books on Demand. Norderstedt 2020. ISBN 9783752606386

Oh Frühling, komm! Die schönsten Frühlingsgedichte. Vera Hewener. Verlag BoD Books on Demand. Norderstedt 2021. ISBN 9783753439594